UNIVERSITÉ

DE

GRENOBLE

FACULTÉS DE DROIT, DES SCIENCES
ET DES LETTRES

ÉCOLE DE MÉDECINE ET DE PHARMACIE

ORGANISATION DE L'ENSEIGNEMENT

STATISTIQUE DES ÉTUDIANTS

RESSOURCES SCIENTIFIQUES ET MATÉRIELLES

GRENOBLE

IMPRIMERIE ALLIER FRÈRES

26, Cours Saint-André, 26

1900

UNIVERSITÉ

DE

GRENOBLE

FACULTÉS DE DROIT, DES SCIENCES
ET DES LETTRES

ÉCOLE DE MÉDECINE ET DE PHARMACIE

ORGANISATION DE L'ENSEIGNEMENT

STATISTIQUE DES ÉTUDIANTS

RESSOURCES SCIENTIFIQUES ET MATÉRIELLES

GRENOBLE

IMPRIMERIE ALLIER FRÈRES
26, Cours Saint-André, 26

—

1900

L'UNIVERSITÉ DE GRENOBLE

I

ÉTABLISSEMENTS UNIVERSITAIRES : PERSONNEL

CONSEIL DE L'UNIVERSITÉ

1900

Président.

M. Boirac, I. ✿, Recteur de l'Académie.

Vice-Président élu.

M. Tartari, ✳, I. ✿, Doyen de la Faculté de
Droit.

Secrétaire élu.

M. Balleydier, I. ✿, Professeur à la Faculté de
Droit.

Membres de droit.

MM. TARTARI, ❀, I. ✿, Doyen de la Faculté de Droit.

RAOULT, O. ❀, I. ✿, Doyen de la Faculté des Sciences.

De CROZALS, I. ✿, Doyen de la Faculté des Lettres.

BORDIER, ❀, I. ✿, Directeur de l'École de Médecine et de Pharmacie.

Membres élus.

MM. FOURNIER, I. ✿, Professeur à la Faculté de Droit, *Assesseur du Doyen.*

BALLEYDIER, I. ✿, Professeur à la Faculté de Droit.

COLLET, ❀, I. ✿, Professeur à la Faculté des Sciences, *Assesseur du Doyen.*

KILIAN, I. ✿, Professeur à la Faculté des Sciences.

MORILLOT, I. ✿, Professeur à la Faculté des Lettres, *Assesseur du Doyen.*

BESSON, I. ✿, Professeur à la Faculté des Lettres.

PEGOUD, I. ✿, Professeur à l'École de Médecine.

Secrétaire de l'Université.

M. PASCAL, I. ✿, Secrétaire de l'Académie.

PROFESSEURS de L'UNIVERSITÉ

et

AUXILIAIRES de L'ENSEIGNEMENT

FACULTÉ DE DROIT

L'École de Droit de Grenoble, instituée par les décrets du 12 mars et du 21 septembre 1804, a été organisée le 1er novembre 1805.

Elle a été érigée en Faculté le 17 mai 1808 et supprimée le 2 avril 1821.

Elle a été ensuite rétablie par ordonnance du 22 septembre 1824.

Anciens Doyens.

MM. DIDIER (Paul).   1805-1809.
     PLANEL ...... 1809-1821.
     GAUTIER ..... 1824-1855.
     TAULIER ..... 1855-1861.
     BURDET...... 1861-1869.
     COURAUD..... 1869-1871.
     PÉRIER ...... 1871-1877.
     GUEYMARD ... 1877-1890.

Doyen.

M. TARTARI, ✻, I. ✪, Professeur de Droit civil.

Assesseur du Doyen.

M. FOURNIER, I. ✿, Professeur de Droit romain.

Professeurs.

MM. TARTARI, ✳, I. ✿, professeur de Droit civil.

GUEYMARD, ✳, I. ✿, *Doyen honoraire*, professeur de Droit commercial.

GUÉTAT, I. ✿, professeur de Droit criminel.

FOURNIER, I. ✿, professeur de Droit romain.

BALLEYDIER, I. ✿, professeur de Droit civil.

MICHOUD, I. ✿, professeur de Droit administratif.

BEUDANT, A. ✿, professeur de Droit constitutionnel.

CAPITANT, A. ✿, professeur de Procédure civile.

Professeur adjoint.

M. HITIER, A. ✿, chargé du cours d'histoire du Droit.

Professeur en congé.

M. TESTOUD, ✳, I. ✿, directeur de l'École khédiviale de Droit du Caire.

Agrégés.

MM. CUCHE, chargé du cours de Procédure civile.

GEOUFFRE DE LAPRADELLE, chargé des cours de Droit international.

REBOUD, chargé du cours d'Économie politique.

DUQUESNE, chargé d'un cours de Droit romain.

FACULTÉ DES SCIENCES

Décrétée en 1808. — Installée le 8 octobre 1811.

D'abord établie place de la Halle, dans un ancien couvent de Dominicains; a été transférée, en 1879, dans le Palais actuel de l'Université; s'est accrue récemment d'une annexe empruntée à l'ancien Lycée de garçons.

Le nombre de ses professeurs s'est graduellement accru :

Elle avait, en 1811.....	3	chaires.
— 1819.....	4	—
— 1838.....	5	—
— 1875.....	6	—
— 1876.....	7	—

À partir de 1894, elle a été dotée de 3 maîtrises de conférences.

Le nombre de ses élèves s'est également accru, dans une proportion plus forte encore.

Anciens Doyens.

MM. Chabert...... 1811-1823.
Ferriol ...... 1823-1831.
Breton....... 1831-1847.
Gueymard .... 1847-1849.
Leroy........ 1849-1868.
Seguin .... 1868-1871.
Lory........ 1871-1889.

Doyen.

M. Raoult, O ✳, I. ✿, correspondant de l'Institut, professeur de Chimie.

Assesseur du Doyen.

M. Collet, ✳, I. ✿, professeur de Mathématiques pures et appliquées.

Professeurs.

MM. Raoult, O. ✳, I. ✿, professeur de Chimie.
Collet, ✳, I. ✿, professeur de Mathématiques pures et appliquées et d'Astronomie.
Astor, I. ✿, professeur de Mécanique.
Pionchon, I. ✿, professeur de Physique.
Kilian, I. ✿, professeur de Géologie et de Minéralogie.
Pruvot, I. ✿, professeur de Zoologie (suppléé par M. Leger).
Lachmann, I. ✿, professeur de Botanique.

Professeurs adjoints.

MM. Cousin, A. ⓞ, professeur de Mathématiques.

Beaulard, A. ⓞ, professeur de Physique.

Maître de Conférences.

M. Chavastelon, A. ⓞ, maitres de Conférences
de Chimie.

*Sous-Directeur du Laboratoire de Géologie
et de Minéralogie.*

M. Lory.

Chefs de Travaux pratiques.

MM. Dodero, A. ⓞ, chef des Travaux pratiques
de Chimie.

Vidal, chef des Travaux pratiques de Botanique.

Dubosq, chef des Travaux pratiques de
Zoologie.

Préparateurs.

MM. Labatut, A. ⓞ, préparateur de Physique.

Flusin, préparateur de Chimie.

Gaillard, préparateur de Chimie.

Perrier, préparateur de Zoologie.

Offner, préparateur de Botanique.

Paquier, préparateur de Géologie et Minéralogie.

Secrétaire.

M. Chavanié, A. ⓞ

FACULTÉ DES LETTRES

La Faculté des Lettres, créée par le décret impérial du 17 mars 1808; inaugurée le 23 mai 1810; supprimée par le gouvernement de la Restauration au mois de janvier 1816; rétablie par ordonnance royale du 2 avril 1847.

La première Faculté des Lettres comptait 4 chaires.

La Faculté, rétablie en 1847, compta d'abord 5 chaires. Elle en compte actuellement 6. En outre, divers enseignements complémentaires, au nombre de 7, se sont successivement ajoutés aux enseignements fondamentaux : Littérature italienne, Histoire de la Langue française, Histoire ancienne, Géographie, Langue anglaise, Grammaire, Science de l'Éducation : soit 13 ordres divers d'enseignement.

Anciens Doyens.

MM. DUBOIS-FONTANELLE....	1809-1812.
CHAMPOLLION-FIGEAC...	1812-1816.
MAIGNIEN	1847-1871.
MACÉ DE LÉPINAY	1871-1883.
DUGIT, doyen honoraire.	1883-1899.

Doyen.

M. DE CROZALS, I. ⚜, professeur d'Histoire.

Assesseur du Doyen.

M. MORILLOT, I. ❀ , professeur de Littérature française.

Professeurs.

MM. DE CROZALS, I. ❀, professeur d'Histoire et Géographie.

MORILLOT, I. ❀, professeur de Littérature française.

BESSON, A. ❀, professeur de Littérature étrangère.

DUMESNIL, I. ❀, professeur de Philosophie.

Professeurs honoraires.

MM. CHARAUX, I. ❀, professeur honoraire de Philosophie.

BERTRAND, I. ❀, professeur honoraire de Littérature latine.

DUGIT, ✳, I. ❀ , professeur honoraire de Littérature grecque.

Chargés de Cours.

MM. HAUVETTE, A. ❀, chargé d'un cours de Langue et Littérature italiennes.

CHABERT, A. ❀, chargé du Cours de Littérature latine.

Chargés de Conférences.

MM. CAUDRILLIER, A. ❀, chargé d'une conférence d'Histoire ancienne.

MATHIAS, A. ◊, chargé d'une conférence
d'Anglais.

DUMESNIL, I. ◊, chargé d'une conférence de
Science de l'Éducation.

Secrétaire.

M. CHAVANIÉ, A ◊.

ÉCOLE DE MÉDECINE ET DE PHARMACIE

1771. — Les cours privés que les *Pères de la
Charité* faisaient sur la Médecine,
à leurs novices, à l'Hôpital, devien-
nent, sur la demande de M. de
Marcheval, intendant du Dauphiné,
l'ÉCOLE PUBLIQUE DE CHIRURGIE.

1792. — Fermeture de cette École.

1792, an XII. — *École municipale de Chirurgie.*

An XII. — Organisation officielle de cette
École sous le nom d'ÉCOLE DE
CHIRURGIE (29 frimaire). —

1806. — L'École prend le titre de COURS
PRATIQUES DE MÉDECINE, DE
CHIRURGIE ET DE PHARMACIE
(20 novembre).

1820. — ÉCOLE SECONDAIRE DE MÉDECINE
(5 juillet).

1841. — ÉCOLE PRÉPARATOIRE DE MÉDE-
CINE ET DE PHARMACIE (3 octobre).

1866. — Première *réorganisation* (20 novembre).

1894. — Deuxième *réorganisation* (22 octobre).

Anciens Directeurs.

MM. GAGNON, LAUGIER, MOUCHET   An XII.
      (triumvirat).
      SILVY (J.-B.).............   1820.
      BILLEREY...............   1832.
      ROBIN..................   1839.
      CHANRION ....   1849.
      SILVY (Célestin)..........   1849.
      ARIBERT-DUFRESNE........   1861.
      BERGER ....   1876.

Directeur.

M. BORDIER, ✳, I ◉.

Professeurs.

MM. ALLARD, I. ◉, professeur d'Anatomie.
    NICOLAS, professeur de Physiologie.
    GALLOIS, A. ◉, professeur de Clinique obs-
tétricale et Gynécologie.
    PEGOUD, I. ◉, professeur de Pathologie in-
terne.

PERRIOL, ✪ A., chargé du cours de Pathologie externe et de Médecine opératoire.

PORTE, ✪ A., professeur de Clinique interne.

GIRARD, ✷, ✪ I., professeur de Clinique externe.

DOUILLET, ✪ A., professeur d'Histologie.

BORDIER, ✷, I. ✪, professeur d'Histoire naturelle.

BERLIOZ, ✪ I., professeur de Bactériologie.

VERNE, ✪ A., professeur de Pharmacie et de Matière médicale.

LABATUT, A. ✪, chargé du cours de Chimie et Toxicologie.

PIONCHON, ✪ I., chargé du cours de Physique.

Professeur honoraire.

M. BERGER, ✷, ✪ I.

Professeurs suppléants.

MM. LABATUT, ✪ A.

PERRIOL, ✪ A.

BABOIN, ✪ A.

DODERO (Paul).

SALVA.

CIBERT.

DODERO (Georges), chargé de suppléance.

FLANDRIN, chargé de la suppléance de la Clinique obstétricale.

PICAUD, chargé de la suppléance du cours d'Histoire naturelle.

Chefs des Travaux pratiques.

MM. CIBERT, chef des Travaux anatomiques et
physiologiques.

ROMEYER, A. ✿, chef des Travaux chimiques,
pharmacien en chef à l'Hôpital.

DODERO (Georges), chef des Travaux physiques.

Chefs de Cliniques.

MM. ROUX, chef de Clinique chirurgicale.

GÉRARDIN, chef de Clinique médicale.

Mlle LOUBET, maîtresse sage-femme de la Clinique obstétricale, à l'Hôpital.

Prosecteur.

M. ABRAMOFF.

Préparateurs.

MM. ESCOFFIER.

EMPTOZ.

Mlles LENDNER.

COLTELLONI.

GUILLABERT.

Secrétaire.

M. CHAVANIÉ, A ✿.

Bibliothécaire, Conservateur du matériel.

M. MULLER.

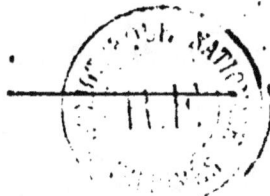

II

ORGANISATION DE L'ENSEIGNEMENT

TABLEAU SYNTHÉTIQUE DE L'ENSEIGNEMENT

FACULTÉ DE DROIT

A la Faculté de Droit, l'enseignement porte sur les matières suivantes :

Le Droit civil français, le Droit romain, l'Économie politique, l'Histoire des Doctrines économiques, le Droit constitutionnel, l'Histoire du Droit public et privé le Droit criminel, le Droit administratif, le Droit commercial, la Procédure civile, le Droit international public, le Droit international privé, la Législation financière, la Législation industrielle, l'Enregistrement et la Législation notariale.

Cet enseignement est donné conformément au tableau ci-après :

Droit civil français.................	9 cours p' sem.	4 conf.	
Droit romain [1]...................	6	—	4 —
Économie politique.............	5	—	1 —
Histoire des Doctrines économiques.	2	—	» —
Droit constitutionnel [2]...........	5	—	1 —
Histoire du Droit public et privé [3].	7	—	1 —
Droit criminel.	3	—	1 —
Droit administratif.............	7	—	1 —
Droit commercial..............	3	—	1 —
Procédure civile [4]...............	6	—	1 —
Droit international public [5].......	5	—	1 —
Droit international privé [6]........	3	—	1 —
Législation financière [7]...........	5	—	1 —
Législation industrielle..........	2	—	» —
Enregistrement	1	—	» —
Législation	1	—	» —

[1] Pendant le 2ᵉ semestre, l'enseignement est réduit à 3 cours.

[2] Pendant le 1ᵉʳ semestre, l'enseignement ne comporte que 2 cours.

[3] L'enseignement ne comporte plus que 4 cours au 2ᵉ semestre.

[4] L'enseignement est réduit à 3 cours pendant le 1ᵉʳ semestre.

[5] 2 cours seulement pendant le 1ᵉʳ semestre.

[6] Cours semestriel.

[7] Enseignement réduit à 2 cours pendant le 1ᵉʳ semestre.

FACULTÉ DES SCIENCES

L'enseignement officiel de la Faculté des Sciences a pour objet :

1° La préparation à l'Agrégation des Sciences mathématiques (3 conférences par semaine).

2° La préparation aux 11 Certificats d'Études supérieures que la Faculté des Sciences peut délivrer, savoir :

Calcul différentiel et intégral (1 cours et 2 conférences par semaine).

Mécanique rationnelle (1 cours et 2 conférences).

Astronomie (1 cours et exercices pratiques).

Analyse supérieure (3 conférences par semaine).

Physique générale (1 cours, 1 conférence orale, 1 conférence pratique).

Chimie générale (1 cours, 2 conférences orales, 1 conférence pratique).

Physique industrielle (cours variables suivant les besoins).

Minéralogie (1 cours, 1 conférence orale).

Zoologie (1 cours, 2 conférences).

Botanique (1 cours, 2 conférences).

Géologie (1 cours).

3° La préparation au Certificat d'Études physiques, chimiques et naturelles (P. C. N.) (9 conférences, 6 travaux pratiques par semaine).

En dehors de l'Enseignement officiel, la Faculté

donne l'enseignement de l'*Électricité industrielle*
(1 cours, 1 conférence, 4 travaux pratiques par
semaine) ;

Et l'Enseignement populaire de l'Astronomie,
de la Chimie, de la Physique de la Zoologie
(2 cours publics par semaine, pendant 4 mois
d'hiver).

FACULTÉ DES LETTRES

Philosophie (1 cours, 2 conférences).
Histoire moderne (1 cours, 2 conférences).
Histoire ancienne (2 conférences).
Littérature française (1 cours, 2 conférences).
Histoire de la Langue française (1 cours).
Littérature latine (1 cours, 2 conférences).
Littérature grecque (1 cours, 2 conférences).
Langue et Littérature allemande (1 cours, 2 confé-
    rences).
Langue et Littérature anglaise (2 conférences).
Langue et Littérature italienne (1 cours, 2 confé-
    rences).
Langue espagnole (1 conférence).
Science de l'Éducation (1 cours).
Enseignement spécial pour les Étudiants étrangers
    (préparation au Certificat d'Études françaises)
    (5 conférences).
Cours populaires (2 cours pendant le semestre
    d'hiver).

ÉCOLE DE MÉDECINE ET DE PHARMACIE

A. — MÉDECINE

Anatomie. — 4 cours de professeur par semaine
(hiver).

— 2 cours de chef de travaux.

— 1 cours de prosecteur.

— Tous les jours, dissection.

Pathologie médicale. — 4 cours par semaine
(hiver).

Clinique médicale. — Visite tous les jours.

— 2 cliniques par semaine
(toute l'année).

— 1 conférence de chef de clinique.

— Interrogation des élèves.

— Exercices de laboratoire.

Clinique chirurgicale. — Visite tous les jours.

— 2 cliniques par semaine
(toute l'année).

— 1 conférence de chef de
clinique.

— Interrogation des élèves.

— Laboratoire de radio-
graphie.

Clinique obstétricale. — Visite tous les jours.

— 2 cliniques par semaine.

Les élèves sont, à tour de rôle, pendant la 3ᵉ année, attachés au service et chargés des accouchements.

Clinique des maladies contagieuses. — 1 visite par semaine.

Bactériologie. — 2 leçons par semaine (hiver).

— 1 séance, manipulation bactériologique.

— Visites à l'Institut sérothérapique.

Physiologie. — 3 leçons par semaine (été).

— 1 séance exercices expérimentaux.

Histologie. — 4 leçons par semaine (été).

— 2 séances travaux pratiques.

Pathologie chirurgicale et Médecine opératoire. — 4 leçons par semaine.

— 1 séance de médecine opératoire.

Conférence de parole. — 1 par semaine (hiver).

PRÉPARATION A L'ÉCOLE DE SANTÉ MILITAIRE

Pathologie générale, chirurgicale élémentaire. — 1 leçon par semaine (été).

Anatomo-histologie. — 1 leçon par semaine (été).

Physiologie et Chimie biologique. — 1 leçon par semaine (été).

Philosophie. — 1 leçon par semaine (été).

Allemand. — 1 leçon par semaine (été).

Pathologie générale médicale. — 1 leçon par semaine (été)..

SAGES-FEMMES

Pathologie élémentaire et Anatomie. — 1 leçon par semaine.

Accouchement. — 2 cliniques par semaine.

— Tous les jours, répétition et et devoirs par Mme la Maîtresse sage-femme.

— Gardes. Participation aux accouchements.

B. — PHARMACIE

Zoologie. — 2 leçons par semaine (hiver).

— 2 séances de travaux pratiques, dissection, micrographie, dessin.

Botanique. — 2 leçons par semaine (été).

— 2 séances de travaux pratiques, dissection, micrographie, dessin.

HERBORISATION

Organographie végétale. — 1 leçon par semaine (été).

Physique générale. — 2 leçons par semaine (hiver).

— 1 séance de travaux pratiques.

Physique biologique. — 2 leçons par semaine (été).

— 1 séance de travaux pratiques.

Chimie minérale. — 2 leçons (hiver).

    —   1 séance de travaux pratiques (hiver).

Chimie biologique. — 1 leçon (été).

    —   1 séance de travaux pratiques.

Chimie organique. — 1 leçon (été).

Pharmacie. — 2 leçons par semaine (toute l'année).

    —   1 séance de travaux pratiques (toute l'année).

C. — COURS PUBLIC

Anatomie et Physiologie artistique. — 1 par semaine (hiver). Démonstration sur le cadavre sur le modèle vivant, préparations.

D. — CONFÉRENCES PUBLIQUES

Sur l'*Hygiène.* — 1 par semaine (pendant l'hiver).

ÉLÉMENT D'INSTRUCTION

Anatomie. — L'amphithéâtre d'anatomie reçoit chaque année 70 cadavres environ qui lui sont fournis par :

    1° *L'Hôpital de Grenoble* ;

    2° *L'Hospice de la Tronche* ;

    3° *L'Asile d'Aliénés de Saint-Robert.*

Pathologie. — Le nombre des malades observés par les élèves peut se répartir de la façon suivante :

Médecine................................ .. 1.174

Chirurgie............................... 1.141

Maternité 329

Enfants................................ 247

Vieillards................................ 162

Maladies contagieuses autres que la tu-
berculose 90

3.143

Malades de l'Hôpital militaire 1.550

TOTAL......... 4693

III

STATISTIQUE DES ÉTUDIANTS

FACULTÉ DE DROIT

Étudiants inscrits et immatriculés ...   131
Étudiants immatriculés seulement ..   65

DISTRIBUTION DES ÉTUDIANTS

Par année :

1re année........	37
2e année........	23
3e année........	36
Doctorat	13
Capacité	28

Par nationalité :

Étrangers	16
Français	180

Par sexe :

Hommes........	196
Femmes	néant

FACULTÉ DES SCIENCES

En 1899-1900, avant le 1er janvier 1900, il y a eu :

Inscrits 35

Immatriculés sur demande 39

Distribution par année. — N'a pas lieu. (La scolarité n'étant que de 1 année.)

Tous Français.

1 seule femme.

FACULTÉ DES LETTRES

1899-1900

Immatriculations. 108

—   payants 96

—   gratuits d'office. 10

—   gratuits (Étudiants en Droit). 2

                        TOTAL. 108

Agrégation.
- Italien. 16
- Allemand 2
- Grammaire. 1

Licence.	Littéraire	27
	Philosophie	3
	Histoire..............	5
	Italien	5
	Allemand	7
	Grades divers.........	14

Étudiants étrangers..................... 28

TOTAL............ 108

Étudiants. — Français............. 80 ⎫ 108
    —   Étrangers.......... 28 ⎬

Étudiants .... 85 ⎫ 108
Étudiantes .... 23 ⎭

Étudiants étrangers suivant leur nationalité :

Allemands..................... 11 ⎫
Italiens..................... 11 ⎪
Américains................... 3 ⎬ 28
Autrichiens................ 2 ⎪
Suisse .... 1 ⎭

ÉCOLE DE MÉDECINE ET DE PHARMACIE

ANNÉE SCOLAIRE 1899-1900

Immatriculés... 74, se décomposant ainsi :

Étudiants inscrits................. 64 ⎫
Sages-Femmes .... 10 ⎭ 74

Les 64 étudiants ayant pris inscription se répartissent comme suit :

Médecine.

1re année...................... 11 ⎫
2e année...................... 8 ⎬ 25
3e année...................... 6 ⎭

Pharmacie.

1re année.. ⎰ 1re classe... 8 ⎱ 19 ⎫
              ⎱ 2e classe.... 11 ⎰   ⎪
2e année (2e classe) .... 11 ⎬ 39
3e année (2e classe) .... 9 ⎭

Sexe :

Étudiants hommes................. 62 ⎫
Étudiants femmes................. 12 ⎭ 74

Nationalité :

Français....................... 71 ⎫
Française .... 1 ⎪
Turc.......................... 1 ⎬ 74
Étudiante bulgare.............. 1 ⎭

COMITÉ DE PATRONAGE DES ÉTUDIANTS ÉTRANGERS

Un Comité de Patronage des Étudiants étrangers s'est fondé à Grenoble en 1896, sous la présidence d'honneur de M. le Recteur de l'Académie et du Maire de la ville. Son but est d'inviter les jeunes gens d'origine étrangère à venir faire leurs études à Grenoble, de les recevoir, de leur donner un appui moral et de leur fournir tous les renseignements qui pourraient leur être utiles, tant au point de vue de leurs études qu'au point de vue de la vie matérielle.

Président du Comité : M. Marcel REYMOND, 4, place de la Constitution, Grenoble.

ENSEIGNEMENT DE LA LANGUE FRANÇAISE

ET

COURS DE VACANCES

A L'USAGE DES ÉTRANGERS

Les *Cours de vacances* organisés à l'Université de Grenoble par le Comité de Patronage des Étudiants étrangers, afin de permettre aux étrangers de se perfectionner, en France même, dans la connaissance pratique de la Langue française, ont été institués en 1898.

Ils seront repris en 1900 d'une façon plus complète, afin de donner pleinement satisfaction à ceux qui désireront les fréquenter.

Ces cours ont lieu durant les mois de juillet, août, septembre et octobre, en quatre séries d'un mois chacune.

Les *Cours* et *Conférences* se font le matin, tous les jours, le lundi excepté. Chaque jour il y a un cours pratique, dans lequel les assistants sont appelés à prendre la parole ; une conférence suit ce cours trois ou quatre fois par semaine.

Les *Cours* portent sur la lecture et la prononciation, la grammaire française, l'analyse littéraire d'auteurs français et sur la correction d'exercices écrits ; un cours spécial est réservé à l'improvisation et à la discussion.

Les *Conférences* comprennent l'histoire de la Littérature française, l'Histoire moderne, la Constitution et la Législation de la France contemporaine, l'histoire de l'Art, etc...; elles complètent ainsi les cours pratiques de langue, en fournissant aux auditeurs l'occasion de recueillir quelques données précises sur le mouvement intellectuel et social en France à l'heure actuelle.

MM. LACHMANN, professeur de Botanique, et KILIAN, professeur de Géologie à la Faculté des Sciences, ainsi que les chefs de travaux attachés à leurs laboratoires, se tiendront à la disposition des auditeurs inscrits aux Cours de vacances, pour organiser avec eux des excursions scientifiques.

La journée du lundi est réservée, chaque semaine, à la visite des environs de Grenoble. Deux fois par mois, des excursions en montagne sont organisées sous la direction de M. Lucien BOURRON, secrétaire général de la Société des Touristes du Dauphiné.

De Grenoble, on peut, en une semaine, avec un billet circulaire, visiter le Midi de la France : Lyon, Vienne, Orange, Avignon, Nîmes, Aigues-Mortes, Arles, Marseille, Cannes, Nice et revenir à Grenoble par la pittoresque ligne des Alpes. Le Dauphiné et la Provence, par la variété des sites et par l'incomparable beauté des monuments de

l'époque romaine et du moyen âge, rivalisent en
intérêt avec les plus belles régions de l'Italie.

Le prix des inscriptions est de 30 francs pour
quatre semaines (quelle que soit la date d'arrivée);
de 10 francs pour chaque quinzaine supplémentaire, ou de 50 francs pour toute la durée des
cours.

Aucune rétribution supplémentaire n'est exigée
pour les corrections de devoirs et les exercices
pratiques.

Un diplôme sera délivré aux étudiants, par les
soins du Comité de Patronage, sous la signature
du Recteur de l'Académie de Grenoble, président
du Conseil de l'Université.

Le nombre des étrangers qui se sont fait ins-
crire aux Cours de Vacances de l'Université de
Grenoble a été, en 1899, de 110.

La presse étrangère, allemande, autrichienne,
américaine, anglaise, suisse a porté sur cette ins-
titution le témoignage le plus favorable.

CERTIFICAT D'ETUDES FRANÇAISES.

Les étudiants étrangers trouveront, pendant
les deux semestres de l'année scolaire, un ensei-

gnement régulier de la Langue française organisé spécialement à leur usage (*diction, phoné-
tique, stylistique, exercices de traduction, correction de devoirs*). Par leur nombre et leur variété,
ces cours surpassent en importance tout ce qui a
été fait jusqu'à ce jour dans les Universités françaises. Ils peuvent être suivis par toutes les per-
sonnes, hommes ou femmes, régulièrement im-
matriculées, sans qu'il leur soit nécessaire de jus-
tifier d'aucun grade universitaire.

Cet enseignement du français, spécialement
destiné aux étrangers, a pour sanction un *Certificat d'Études françaises*, institué par arrêté mi-
nistériel du 8 janvier 1900. L'examen du *Certificat d'Études françaises* se compose d'épreuves
écrites et orales ; traduction en français d'un texte
anglais, allemand, italien ou espagnol ; exercice
de composition en français ; lecture d'un texte
français au point de vue de la diction et de la prononciation ; explication grammaticale et littéraire
d'un texte français ; exercice de conversation.

Le diplôme est délivré sous le sceau et au nom
de l'Université de Grenoble, par le Président du
Conseil de l'Université.

Les statistiques publiées par les soins du Minis-
tère de l'Instruction publique établissent que la
Faculté des Lettres de Grenoble occupe immédia-
tement le premier rang après Paris pour le
nombre des étudiants de nationalité étrangère.
La Faculté des Lettres de province la plus favo-

risée après Grenoble à ce point de vue atteint à
peine au tiers du chiffre obtenu cette année à la
Faculté des Lettres de notre Université.

Les étudiants étrangers qui n'auraient pas
l'ambition de se présenter aux épreuves du Certificat d'Études françaises emporteront néan-
moins un témoignage de leur séjour près de la
Faculté.

Le Conseil de l'Université a créé un *certificat*
destiné à consacrer la présence et les études des
étudiants étrangers près de l'une des Facultés de
l'Université de Grenoble. Ce certificat porte l'in-
dication précise du semestre ou des semestres
passés à l'Université, des cours suivis ; il est signé
par le Doyen de la Faculté et le Recteur, président du Conseil de l'Université : il porte le sceau
de l'Université.

Ce certificat est délivré gratuitement à tout
étudiant qui en fait la demande.

IV

RESSOURCES SCIENTIFIQUES

Bibliothèque de l'Université.

La Bibliothèque de l'Université, établie au centre de tous les services, occupe la majeure partie du premier étage du Palais de l'Université. Cinq grandes salles ouvertes en enfilade sur la façade servent de dépôt principal et de salles de lecture ; des annexes sont réservées pour les ouvrages d'un usage moins fréquent.

La Bibliothèque compte environ 35,000 volumes ; on ne comprend pas dans ce chiffre les thèses françaises et étrangères dont le nombre atteint plusieurs milliers.

Le voisinage de la Bibliothèque municipale (300,000 volumes et 10,000 manuscrits), libéralement ouverte aux maîtres et aux étudiants, accroît singulièrement la valeur du dépôt universitaire. La contiguïté de ces deux dépôts permet de les considérer comme constituant un fonds commun d'une richesse inappréciable.

Faculté de Droit.

La Faculté de Droit possède la collection complète du *Bulletin des Lois françaises* et du *Journal Officiel*. Elle possède en outre la plupart des *Statistiques* relatives au Droit criminel, à la Justice civile et au Commerce extérieur, ainsi qu'un grand nombre de recueils de *Lois étrangères*.

Faculté des Sciences.

Les locaux mis à la disposition de la Faculté des Sciences occupent une surface totale d'environ 4,000 mètres carrés, dont 3,000 dans le *Palais des Facultés* et 1,000 dans l'annexe (*Institut électrotechnique*).

Cette surface comprend *cinq* salles de Cours occupant ensemble environ 500 mètres carrés.

Vingt-six salles de collections, ensemble 1,300 mètres carrés.

Dix laboratoires de recherches, ensemble 1,000 mètres carrés.

Cinq laboratoires de préparation de Cours, ensemble 500 mètres carrés.

Six laboratoires de travaux pratiques, ensemble 600 mètres carrés.

L'enseignement Mathématique est donné par 3 professeurs, faisant ensemble 10 leçons par semaine.

L'enseignement des Sciences physiques est donné par 4 professeurs, faisant ensemble 15 leçons par semaine. Il est complété par 15 séances de Travaux pratiques par semaine.

L'enseignement des Sciences naturelles est donné par 3 professeurs, faisant ensemble 12 leçons par semaine. Il est complété par 10 séances de Travaux pratiques par semaine.

Institut d'Électricité industrielle.

S'il est une ville où l'enseignement supérieur théorique et pratique de l'Électricité industrielle doive trouver tout naturellement place à côté des autres enseignements universitaires, c'est assurément la ville de Grenoble. Placée au centre d'une des régions les plus industrielles de la France, la région des Alpes du Dauphiné et de la Savoie, où, par suite de l'abondance des puissances motrices hydrauliques, des installations électriques de tous genres se sont multipliées et continuent à se développer plus que partout ailleurs, la ville de Grenoble est, en effet, en matière d'Électricité industrielle, un centre d'informations et d'études pratiques de premier ordre. Éclairage électrique privé ; éclairage public de villages, de bourgs et de grandes villes ; transport électrique d'énergie à petites, moyennes et grandes distances ; distribution simultanée de lumière et d'é-

nergie mécanique ; traction électrique ; électro-
métallurgie ; fabrication du carbure de calcium ;
fabrication électrolytique de la soude, des chlo-
rures décolorants, du chlorate de potasse, etc...,
il n'existe pas une forme de production et d'utilisation industrielles de l'énergie électrique qui ne
s'offre, à Grenoble ou dans la région. en exemples
divers, nombreux et importants. On peut, sans
doute, organiser partout des cours d'Électrotechnique, mais il est évident que de tels cours sont
dans des conditions toutes particulières d'utilité
et de succès lorsqu'ils se trouvent, comme à Grenoble, à proximité, au milieu même peut-on dire,
d'une collection complète d'installations industrielles pouvant leur servir d'illustration et de
champs d'application.

C'est pour permettre aux jeunes gens désireux
de s'instruire sérieusement en Électricité industrielle, de mettre à profit, dans les meilleures
conditions possibles, une situation aussi avanta-
geuse que l'Université de Grenoble a décidé d'organiser, à la Faculté des Sciences de cette ville, à
partir de l'année scolaire 1898-99, un enseignement complet, théorique et pratique, de l'Électricité industrielle offrant l'équivalent d'une véritable École d'Électrotechnique.

L'enseignement théorique et pratique de l'Électricité industrielle, à la Faculté des Sciences de
Grenoble, est organisé de façon à comprendre :

1º Un *cours* sur toutes les matières concernant

la production et l'utilisation industrielles de l'énergie électrique ;

2° Des *travaux pratiques* de laboratoire et d'atelier concernant les mesures électriques usuelles et comportant le maniement et la pose de tout l'appareillage électrique courant ;

3° Des *exercices d'établissement de plans et devis d'installations électriques de tous genres* ;

4° Des *visites d'usines et d'installations électriques* de tous genres, à Grenoble et dans la région ;

5° Des *exercices de conduite de machines* et des *stages* dans des usines électriques.

Une large place dans cet enseignement est faite à l'Électrochimie, en raison de l'importance particulière que présente, dans notre région, cette branche de l'Électricité appliquée.

Le cours sera bisannuel, une année (A) étant consacrée à l'étude de la production et de l'utilisation industrielles de l'énergie électrique, par *courants continus*, et une autre (B) à l'étude de la production et de l'utilisation industrielles de l'énergie électrique par *courants alternatifs*.

Les élèves pourront indifféremment commencer leurs études par l'année A ou par l'année B.

TRAVAUX PRATIQUES. — Les travaux pratiques auront lieu au Laboratoire d'Électricité industrielle de la Faculté, sous la direction du Professeur, avec l'aide d'un préparateur spécial et d'un garçon de laboratoire. Ils comprendront un cours complet de mesures électriques et magnétiques usuelles, des exercices d'étalonnage et de contrôle d'appareils industriels, des études de laboratoire donnant aux élèves l'occasion de se familiariser avec tous les détails des manipulations électriques courantes, ainsi que de s'exercer à la pose des canalisations électriques et de tous les appareils accessoires.

Une journée par semaine (Jeudi) sera consacrée à des conférences pratiques.

Le laboratoire sera mis à la disposition des élèves à des heures fixées par le professeur pour l'exécution des travaux pratiques dont le programme aura été donné aux conférences.

PLANS ET DEVIS. — Les élèves seront exercés à l'établissement de plans et devis électriques par des projets d'installations qui leur seront donnés à étudier dans les intervalles des cours et manipulations et qu'ils devront remettre comme devoirs au professeur.

VISITES D'USINES. — De nombreuses visites d'usines, choisies de façon à offrir des exemples variés de tous les modes possibles de production et d'utilisation de l'énergie électrique, seront faites chaque année par les élèves à Grenoble et dans la région sous la conduite et la direction du professeur assisté du personnel du Laboratoire.

Chaque visite donnera lieu de la part des élèves à la rédaction d'un compte rendu détaillé, la réunion de ces comptes rendus devant constituer pour chaque élève une ample collection d'exemples de nature à lui fournir par la suite tous les modèles d'installation dont il pourra avoir besoin.

EXERCICES DE CONDUITE DE MACHINES ET D'INSTALLATIONS ÉLECTRIQUES. — Les élèves seront exercés au Laboratoire de la Faculté à la conduite d'un moteur à gaz et de machines électriques appliquées soit à l'éclairage et au transport d'énergie, soit à la charge de batteries d'accumulateurs, à l'exécution de diverses opérations électrochimiques, etc. Ils pourront faire en outre, à la fin de leurs études, des stages plus ou moins prolongés dans les usines et les installations électriques que leurs propriétaires voudront bien mettre à cet effet à la disposition du professeur.

Collections des divers services de la Faculté des Sciences.

Les collections de la Faculté des Sciences renferment tout ce qui est nécessaire aux recherches des Professeurs, aux expériences de Cours et aux Travaux pratiques des élèves, dans tous les ordres d'enseignement.

Parmi les collections d'Histoire naturelle, on peut mentionner :

1° Un magnifique herbier de plantes alpestres ;

2° Des fossiles et des échantillons minéralogiques recueillis dans le Dauphiné et la Savoie et qui forment un musée spécial et du plus grand prix.

Parmi les collections d'instruments, on peut citer, à cause du rôle qu'ils ont joué dans le développement de la science, les appareils cryoscopiques et tonométriques de M. Raoult.

La Faculté possède deux jardins alpins, l'un situé à Champrousse, à 1850 mètres d'altitude, l'autre établi au Lautaret, à 2075 mètres d'altitude.

Faculté des Lettres.

La Faculté des Lettres dispose de 6 salles : 1 grand amphithéâtre, 3 salles de conférences, 1 cabinet pour le Doyen, 1 salle de réunion pour les Professeurs.

Les collections archéologiques de la Faculté des Lettres se composent de moulages des principaux chefs-d'œuvre de l'art antique, choisis avec discernement, de manière à offrir un spécimen caractéristique des styles et des époques.

Ils sont exposés dans l'amphithéâtre et dans les couloirs ouverts à tous les étudiants.

Une collection de plusieurs centaines de photographies de l'art antique et de l'art moderne complète cet enseignement par la vue. Elles sont exposées dans des cadres mobiles, renouvelés de semaine en semaine, dans la Salle des Pas perdus commune à toutes les Facultés.

École de Médecine.

LABORATOIRES DE L'ÉCOLE

1° *Laboratoire d'Analyse quantitative.*

2° *Laboratoire d'Analyse qualitative.*

3° *Laboratoire pour les examens de Pharmacie,* installé dans le sous-sol.

4° *Salle de Dissection* avec 9 tables.

5° *Laboratoire de Physiologie.*

6° *Laboratoire d'Histoire naturelle* avec aquarium, 24 microscopes, où les élèves s'exercent et dessinent.

7° *Laboratoire de Physique.*

8° *Laboratoire de Bactériologie.* Outre l'enseignement des élèves, ce Laboratoire fait, pour les villes de la région, environ 50 analyses bactériologiques des eaux.

9° *Laboratoire d'Histologie.*

10° *Herbier.*

11° *Musée d'Histoire naturelle.*

12° *Musée d'Anatomie pathologique.*

13° *Droguier* avec échantillons en double pour le travail des élèves.

14° *Laboratoire de Sérothérapie*, autorisé par décret du 26 janvier 1896 et annexé à l'École de Médecine par décision du Conseil municipal de Grenoble en date du 1er juillet 1895.

BIBLIOTHÈQUE.

La Bibliothèque comprend 2,362 numéros, soit environ 8,000 volumes; en outre, thèses de Facultés 10,250 et périodiques par abonnement 48.

V

RESSOURCES MATÉRIELLES

ANNÉE 1899

	UNIVERSITÉ	DROIT	SCIENCES	LETTRES	MÉDECINE	TOTAUX GÉNÉRAUX
I. — PRODUITS.						
a) Immatriculation......	3.780ᶠ »	580ᶠ »	900ᶠ »	2.300ᶠ »	»	26.702ᶠ 5(
b) Inscriptions.........	14.880 »	11.430 »	3.000 »	450 »	6.570ᶠ »	12.295 »
c) Bibliothèque........	3.340 »	1.412 »	740 »	1.857 50	605 »	
d) Travaux pratiques....	4.702 50	»	4.702 50	»	5.120 »	38.997ᶠ 50
TOTAUX.....	26.702ᶠ 50				12 295ᶠ »	
II. — EXAMENS.			Brevet d'électricité.			
Université	330ᶠ »	»	330ᶠ »	»	»	
III. — SUBVENTIONS.						
1° Etat.................	ordʳᵉ 16.214ᶠ »	2.405ᶠ 50	29.000ᶠ »	2.045ᶠ »	»	16.214ᶠ »
—	extr. 10.000 »	»	»	»	»	10.000 »
2° Département........	»	400 »	500 »	»	8.500ᶠ »	100 »
3° Villes...............	»	5.000 »	4.000 »	2.000 »	»	3.500 »
4° Particuliers.........	ordʳᵉ 100ᶠ »	»	3.520 »	1.170 »	»	5.800 »
—	ext. 3.000 »	»	»	»	34.425 »	34.425 »
—	— 500 » } 3.500ᶠ »	»	»	»	»	400 »
5° Société de Statistique.	»	»	»	»	»	500 »
6° Association des anciens						5.000 »
Elèves du Lycée ...	»	»	»	»	»	4.000 »
7° Chambre de Commerce						3.520 »
de Grenoble.......	»	»	50ᶠ ou livres	»	»	2.000 »
						1.170 »
IV. — RENTES 3 %......	»	271ᶠ 50	»	»	»	

86.629ᶠ »
Ville :
50 115ᶠ »
Départ¹ :
6.700ᶠ »
Etat :
26.214ᶠ »

VI

PASSÉ DE L'UNIVERSITÉ

Le passé. — Brève mention des Professeurs les plus marquants.

FACULTÉ DE DROIT

BERRIAT-SAINT-PRIX (Jacques), né à Grenoble en 1769, a enseigné la Procédure civile et la Législation criminelle de 1805 à 1819. Professeur remarquable et profond érudit, il a laissé plusieurs ouvrages de Droit très appréciés et a publié, en outre, sur l'Histoire et, en particulier, sur l'Histoire du Dauphiné, sur la Littérature et sur l'Économie politique, des livres, brochures ou mémoires qu'on peut encore consulter aujourd'hui avec intérêt. Ses œuvres principales sont : *Cours de Procédure civile et criminelle* (3 vol.); *Cours de Droit criminel* (1 vol.); *Cours de Procé-*

dure (1 vol.); *Histoire du Droit romain* (1 vol.) ;
*Coup d'œil sur les révolutions de France au temps
de Charles VI et de Charles VII* (1 vol.); *Œuvres
de Boileau avec des Notes historiques et littéraires*
(4 vol.).

TAULIER (Marc-Joseph-Félix), né à Grenoble
en 1806, mort en 1861. D'abord professeur suppléant (1831), il devint ensuite titulaire de la
chaire de Code civil en 1838 et enfin Doyen de
la Faculté en 1855. Taulier a été maire de sa ville
natale de 1845 à 1848 et de 1849 à 1851 ; son passage à l'Hôtel de Ville a été marqué par la créa-
tion de plusieurs œuvres philanthropiques qui
ont rendu son nom justement populaire. Juris-
consulte estimé, il a écrit, sous le titre de *Théorie
raisonnée du Code civil*, un important ouvrage
qui, pendant longtemps, a fait autorité (7 vol.).
On lui doit également un grand nombre de livres
de Droit administratif et d'Économie politique ou
sociale ; le plus connu est *Le vrai Livre du peuple*,
publié en 1860.

FACULTÉ DES SCIENCES

Installée « sur la terre promise de la géologie et de la minéralogie, terre classique, saluée par tous les savants de l'Europe », suivant l'expression d'Émile Gueymard, la Faculté des Sciences de Grenoble est dans une situation privilégiée pour l'étude de la Géologie et particulièrement des Alpes. Aussi a-t-elle eu le bonheur d'appeler près d'elle et de garder jusqu'à leur mort les professeurs de Géologie et de Minéralogie les plus épris de leur science et les plus capables de la faire progresser.

Le premier professeur de Géologie de la Faculté des Sciences de Grenoble a été l'ingénieur des mines Émile GUEYMARD, né à Corps (Isère), le 28 février 1788. Entré en fonctions en 1824, il prit sa retraite en 1849; mais il resta attaché à la Faculté comme directeur du Laboratoire d'Essais et Analyses chimiques. Il y développa la plus grande activité et y rendit les plus grands services jusqu'à sa mort, survenue le 31 décembre 1869. On lui doit la découverte et la détermination des points d'affleurement des bancs de calcaire à ciment et des bancs d'anthracite, dont l'exploitation a enrichi le pays. Ses plus importants travaux ont été réunis dans un ouvrage intitulé :

Statistique minéralogique, géologique, métallurgique et minéralogique du département de l'Isère. Il était commandeur de la Légion d'honneur. Son éloge a été prononcé par M. Raoult, à l'inauguration de l'Université de Grenoble.

Charles LORY, né à Nantes, en 1823, remplaça Émile Gueymard, dans sa chaire, en 1849, et il l'occupa jusqu'à sa mort survenue en 1889. Pendant les quarante ans de son professorat, il consacra tout son temps et toute son énergie à l'étude des Alpes. Ses travaux, d'une étendue et d'une portée considérables, sont en partie résumés dans un ouvrage resté classique intitulé : *Description géologique du Dauphiné.* Il était correspondant de l'Institut et chevalier de la Légion d'honneur.

FACULTÉ DES LETTRES

DUBOIS-FONTANELLE. — 1737-1812.

Le premier Doyen de la Faculté des Lettres, professeur d'Histoire, Dubois-Fontanelle ; ancien rédacteur de la *Gazette de Deux-Ponts* et du *Mercure de France,* il s'essaya au théâtre et fit jouer à la Comédie-Française des pièces applaudies. Avec la *Vestale,* il eut un succès retentissant qui passionna l'opinion et lui valut les honneurs d'une persécution. Professeur, il fit de son cours la matière d'un livre très étudié, un *Cours de Belles-Lettres* en 3 volumes, qui mérite d'être lu après les traités de Rollin, de Batteux, de Marmontel et de Laharpe.

CHAMPOLLION LE JEUNE. — 1790-1832.

D'abord suppléant de Dubois-Fontanelle et son successeur dans la chaire d'Histoire, Champollion le Jeune a enseigné à la Faculté des Lettres de 1809 à 1816. Professeur d'Histoire et d'Hébreu, il s'initia à l'étude de l'Égyptologie sous la direction du savant Fourier, préfet de l'Isère ; et c'est pendant son enseignement à la Faculté qu'il a publié son premier grand ouvrage *L'Égyte sous les Pharaons*, 1814.

Champollion, qui avait joué un rôle politique sous les Cent-Jours, fut l'objet de mesures malveillantes de la part du gouvernement de la Restauration. Un ordre d'exil le força à quitter Grenoble et l'Isère et à chercher un asile à Figeac.

MAIGNIEN. — 1805-1881.

Professeur de Littérature française et Doyen pendant plus de trente ans, il a honoré son enseignement par des travaux distingués.

MACÉ DE LÉPINAY. — 1812-1891.

Professeur d'Histoire, il a marqué dans l'étude

de l'Histoire romaine. Son traité des *Lois agraires* est resté classique. Ses études sur l'Histoire du Dauphiné et sur la Géographie de cette province à l'époque romaine sont des œuvres de haute valeur.

ÉCOLE DE MÉDECINE ET DE PHARMACIE

Parmi les morts plus ou moins illustres qui sont dignes d'appartenir à l'histoire, on peut citer les noms suivants : ·

VILLARS (Dominique) père, né aux Noyers en Champsaur (1745), mort à Strasbourg (1810).

D'une naissance obscure, il commença par garder les moutons dans les montagnes du Champsaur et c'est ainsi que, sans autre guide que la nature et la lecture d'un Linné que lui avait prêté un curé de village, il apprit la botanique. Un voyage qu'il fit à Grenoble, à l'âge de 27 ans, déjà marié et père de famille, la présentation que firent de lui à l'intendant de Marcheval ses amis *Clappier* et *Liotard*, botanistes en renom, le déterminèrent à entrer comme élève à l'*École de Chirurgie* des Pères de la Charité. Il y fit de suite un cours de botanique à ses camarades et, une fois sorti de l'École, parcourut les Alpes avec le botaniste *Guellard*, visita à Paris les herbiers de Tournefort, de Guettard et d'Isnard et revint à Grenoble avec son grand ouvrage sur la *Flore du Dauphiné*.

Il s'y consacra à la médecine et à l'enseignement jusqu'au jour où, en 1805, il consentit à devenir professeur de botanique et Doyen de la Faculté de Strasbourg.

Il fut successivement, à Grenoble, professeur de médecine-clinique, celle qui succéda à celle des Pères de la Charité, puis professeur à l'École créée par Napoléon sous le nom de *Cours pratiques de Médecine*.

Il fut professeur à l'École Centrale, établissement précurseur des lycées pendant toute sa durée (1795-1803).

Il est un des fondateurs de la Société d'Agriculture et d'Histoire naturelle, de la Société de Santé (devenue Société de Médecine et de Pharmacie), de la Société des Sciences et Arts. Il est le Président de celle de Médecine.

Ses ouvrages, ses manuscrits et sa nombreuse correspondance avec tous les botanistes de l'Europe dénotent un esprit ouvert à tout. Le *Microscope* (en 1804) l'occupe en même temps que le reboisement des forêts; les avantages de l'association pour les végétaux, idée toute darwinienne, l'organisation des études médicales, qu'il veut baser sur l'étude préalable des sciences naturelles (le P. C. N. actuel).

« ..... Sur tous ses ouvrages plane, avec une grande simplicité, un amour sincère de ses semblables. » Il demande la fusion sociale, encore alors non réalisée, de la chirurgie et de la médecine. Il souhaite l'assistance médicale des pauvres ; veut partout, dans l'administration comme dans l'enseignement, la plus grande décentralisation ; dans la vie municipale, il demande des *bureaux d'hygiène.*

Sa réputation ne fut pas moindre à Strasbourg qu'à Grenoble. Il y mourut Doyen de la Faculté en 1810.

VILLARS (Dominique) fils, né aux Noyers, en 1774, fut souvent confondu avec son père, dont la gloire est assez grande cependant.

Professeur à l'École municipale qui succéda à celle des Pères de la Charité, il y professait la *Pathologie spéciale.*

Son principal titre, qui est considérable et lui valut d'avoir à soutenir de nombreuses polémiques, est d'avoir introduit, avec *J.-B. Silvy*, le vaccin à Grenoble en 1800. Son propre fils fut le premier vacciné de Grenoble.

Il eut à ce sujet une lutte mémorable avec Langon, un des trois directeurs de l'École à l'époque du Triumvirat.

BILLEREY, né aux environs de Pontcharra, en 1776. Son père était chirurgien. Il obtint le prix.

de physique et de chimie à l'*École Centrale* de Grenoble. Commence sa médecine à Grenoble et, en 1803, obtint, à Paris, le prix national de clinique interne. Parmi les concurrents qui lui disputaient le prix se trouvait son ami et son émule *Laennec*. Il venait d'être reçu docteur lorsqu'il fut nommé professeur de *Principes de Médecine* à l'École de Médecine de l'an XII. puis professeur de clinique interne, de thérapeutique et de matière médicale dans les phases ultérieures de l'École. Son succès à Grenoble fut, dès le premier jour, considérable. Un homme du monde, esprit brillant, causeur spirituel, d'une extrême activité, il mena de front les sciences, les relations mondaines et la clientèle.

Un des premiers, en France, il fit plusieurs opérations *d'empyème*. Il tenta le premier les *injections pleurales* et imagina un instrument destiné à prévenir l'introduction de l'air.

Médecin en chef de l'Hôpital, membre du jury médical, inspecteur des eaux minérales du département de l'Isère, il fut directeur de l'École de Médecine de 1832 à 1839. Il avait, en 1811, fait une demande pour la transformation de l'École de Grenoble en Faculté. Son principal titre de célébrité en Dauphiné est la fondation des *Thermes d'Uriage*. Ce fut aussi la cause de nombreux déboires, que son esprit chatouilleux ne sut pas supporter et qui finirent par faire une sorte de misanthrope d'un homme tout pétillant d'esprit

communicatif et jadis animé de cette bienveil-
lance que donnent souvent le succès et la santé.

Il est, en réalité, le créateur des Thermes
d'Uriage, qu'il fonda de ses deniers et pour les-
quels il dépensa, en outre, son temps, son intelligence et son bonheur.

Des difficultés survenues entre lui et la mar-
quise de Langon, puis M. de Saint-Ferréol, son
héritier, lui amenèrent sa destitution d'inspecteur, sa lutte avec Gardy qui le remplaça. Il a pu,
avec une certaine raison, donner comme épi-
graphe à plusieurs de ses mémoires sur Uriage,
l'un ou l'autre de ces passage de Virgile, *Hos
ego versiculos feci ; tulit alter honores*, ou *Sic vos
non vobis mellificatis apes*.

Il avait conçu le projet de faire venir l'eau de
La Motte, non pas encore à Grenoble, mais à Vif.

Tout en s'occupant d'Uriage, de sa clientèle de
l'École, il bataillait dans de mordants petits pam-
phlets contre un homme de lettres encombrant et
publiait, en 1832, un mémoire sur le *Choléra*,
affirmant sa nature contagieuse et prônant la méthode employée depuis, les *injections veineuses*.

Il y a, dans plusieurs passages de ce mémoire
sur le choléra, une véritable intuition de décou-
vertes ultérieures ! la *Méthode sous-cutanée* et la
Sérothérapie.

Il exprime en effet l'opinion que « tirer du
sang, liquide qui contient l'agent morbide, et ne
rien mettre à sa place ou introduire l'agent médi-

camenteux par la voie détournée des organes de
la digestion, c'est ne faire que la moitié de l'opé-
ration ». Il faut, une fois le sang tiré, introduire
à sa place l'agent médicamenteux, un *antidote
contre une maladie vénéneuse par exemple.*

LEROY (Camille), né en 1796, débuta en 1814
comme chirurgien sous-aide à l'Hôpital de
l'Ile-d'Elbe. Il vint peu à près à Grenoble, où
il fut professeur de chimie à l'École de Médecine
(1837) et professeur de chimie à la Faculté des
Sciences (1838). La même année, il fut un des
fondateurs et le président de la Société de Statistique. Il fut membre de l'Intendance sanitaire, secrétaire du Conseil de salubrité et secrétaire de
l'Académie delphinale.

Esprit philosophique et généralisateur, il
avait publié, en 1824, un traité sur l'*Éducation
physique des enfants,* où il se montre un précurseur de la méthode moderne d'entraînement.
« Nous ne dressons nos enfants qu'à des travaux
pénibles, s'ils doivent embrasser des professions
mécaniques. Nous nous livrons à la seule culture
de leur intelligence, souvent surchargée d'une
manière plus nuisible qu'utile, si nous les desti-
nons à la carrière des sciences ou des lettres.
Telle est la cause qui nous fait obtenir si peu
d'hommes à la fois instruits et robustes. »

En 1832, il publie un travail sur l'hygiène pro-
phylactique du choléra et envoie à l'Académie des

Sciences un travail magistral sur les *maladies
aiguës*, travail qui, en lutte ouverte contre la doc-
trine de Bouvenais, fourmille d'idées originales et
d'aperçus sur des horizons découverts depuis. On
trouve, entre autres, sur la contagion et l'infec-
tion, une théorie de la *fermentation, qui, excitée
dans le corps par un levain particulier, se reforme
avec le pouvoir de la déterminer ailleurs,* dit la
théorie pasteurienne.

Chimiste, il ne pouvait négliger la question des
eaux minérales en Dauphiné. Il étudie l'adduc-
tion des eaux de La Motte à Vif et même à Grenoble. Mais, médecin et philosophe, psychologue
autant que chimiste, il montre que le rôle de la
suggestion et du changement d'habitudes dans
l'action salutaire des eaux minérales vient s'ajou-
ter à leur action chimique proprement dite.

Il s'occupe, en même temps, d'une question
encore aujourd'hui à l'étude, le *dosage des alti-
tudes.*

Gras (Albin), né à Grenoble, en 1808, débute
comme élève à l'École des Mineurs de Saint-
Étienne (1826-1827). Se fait recevoir docteur ès
sciences (1831), puis docteur en médecine à Paris
(1834). Sa première œuvre médicale est une
étude de l'*acarus de la gale,* qui venait d'être dé-
couvert à l'Hôpital Saint-Louis. Nommé professeur provisoire de l'École de Grenoble (1838), il
devient titulaire et se consacre d'abord à l'étude

de la *topographie médicale* de Grenoble, puis à
l'hydrologie dauphinoise, étudie les eaux de *La
Motte*, d'*Uriage*, d'*Allevard* et de tout le département de l'Isère.

Naturaliste, il étudie les *mollusques* fluviatile
et terrestre de l'Isère, archéologue, les docu-
ments romains ensevelis dans les remparts de
Grenoble.

Puis il aborde ce qu'on appelait encore le
magnétisme animal et voit un certain nombre de
phénomènes devenus depuis classiques à la Sal-
pêtrière et à Nancy. Puis il passe à la démo-
graphie : *morti-natalité* à Grenoble ; aux questions
sociales : les *enfants trouvés*, le *déboisement*.
D'abord vice-secrétaire de la Société de Statistique (1844), il en devient secrétaire perpétuel
(1852).

CHARVET (A.), né à Grenoble, médecin des
Hôpitaux civil et militaire, professeur d'anatomie
et de physiologie à l'École de Médecine (1837).
Professeur de zoologie à la Faculté des Sciences
(1839).

Son premier ouvrage sur l'action de l'*opium
chez l'homme et chez les animaux* est bientôt suivi
de sa thèse pour le doctorat ès sciences, sur la
détermination des espèces en zoologie ; il se
montre adversaire de la fixité des espèces et dis-
ciple d'Étienne Geoffroy-Saint-Hilaire, qu'il suit
également dans une étude sur les *monstruosités*

(1837). Puis il aborde la faune locale, les osse-
ments fossiles du Dauphiné, etc. (1860). Professeur excellent, il est resté, pour ceux qui ont été
ses élèves, un modèle de *méthode* et de *clarté*.